ANNA DE SANTO

L'ARTE DELL'EDITING

IL MANUALE PER SCRITTORI

....
L'ARTE DELL'EDITING: IL MANUALE PER SCRITTORI
by Anna De Santo
Language Italian
All Rights Reserved MMXVIII
Ipazia Books
www.ipaziabooks.com
Dublin, Ireland

Sono stato tutta la mattina ad aggiungere una
virgola e nel pomeriggio l'ho tolta.
Oscar Wilde

Uno scrittore scrupoloso, per ogni frase che
compone, si porrà almeno quattro domande, e
cioè: cosa sto cercando di dire? Con quali parole
posso esprimerlo? Quali immagini o espressioni lo
renderanno più chiaro? L'immagine che sto per
utilizzare è abbastanza attuale per suscitare
l'effetto desiderato?
George Orwell

Un bravo scrittore non si riconosce tanto da quello
che pubblica quanto da quello che butta nel
cestino della carta.
Gabriel Garcia Marquez

Non basta che lo scrittore sia padrone del proprio
stile. Bisogna che lo stile sia padrone delle cose.
Giacomo Leopardi

Ci vogliono dieci anni per imparare a scrivere, ma
non basta tutta la vita per imparare a cancellare.
Pitigrilli

INDICE

Da brutto anatroccolo a cigno

Alcuni decenni fa si diceva che si diventa editor, o correttori di bozze altrui, quando si fallisce come scrittori. La storia recente della letteratura ha dimostrato che non è così. In realtà ogni valido scrittore dovrebbe essere il miglior editor di se stesso, il critico più severo di se stesso, l'amico e consigliere più fidato della sua stessa scrittura.

Se è vero che tutti noi ci improvvisiamo scrittori in un qualsiasi periodo della nostra vita, è anche vero che non si può diventare editor dall'oggi al domani. Trenta anni fa, al tempo in cui scrissi i primi racconti, non avevo idea di cosa fosse l'editing professionale. Come la maggior parte degli scrittori alle prime armi pensavo che scrivere avesse a che fare con il riportare nero su bianco una bella storia che avevo creato, che fosse un percorso intellettuale dominato solamente dall'istinto per la scrittura.

L'istinto per la scrittura dotata di una importarte qualità estetica e didattica è importante per creare un libro che, oltre a essere un ottimo prodotto editoriale, sappia diventare anche una valida lettura. L'istinto in balia di se stesso può diventare caos intellettualmente anarchico, indecifrabile per i più. L'editor interviene proprio lì, quando il tratto istintivo della scrittura necessita di essere guidato dalla *ragione*, da una esperta capacità organizzativa in grado di lasciar scorrere il *flusso di coscienza* autorale in maniera apparentemente naturale ma di fatto accortamente studiata.

L'esperienza è la prima caratteristica che distingue un valido editor, l'esperienza che aiuta a *sentire* la scrittura, la propria così come quella altrui, e che farà da guida sicura quando bisognerà rimuovere e ripulire lo *sporco* accumulato che impedisce a un vero diamante scritturale di splendere. Senza la lettura di centinaia di testi di tanti autori, senza il lavoro di anni presso validi editori internazionali, io non avrei mai potuto dirmi un editor: una scrittrice forse, ma non un editor.

Perché l'editing è importante? Ecco, questa è una domanda che secondo me dovrebbero farsi tutti gli autori. Anni fa ci fu un scrittore esordiente che il quesito me lo pose direttamente. Gli risposi che l'editing è come il percorso che deve compiere il brutto anatroccolo per scoprirsi cigno. Insomma, di norma un buon libro, un buon romanzo, un buon saggio, è già tale in partenza, ma in tante occasioni necessita di prendere maggior coscienza di sé, delle sue potenzialità.

L'editor aiuta lo scrittore alla stregua di un consulente d'immagine che consiglia alla nuova stella hollywoodiana un nuovo taglio di capelli, un ciuffo birichino, un nuovo look, persino un radicale cambiamento nello stile di vita. L'obiettivo della trasformazione è in genere quello di sottolineare i punti di forza della futura icona mediatica e magari di nascondere qualche difetto sempre presente negli esseri umani.

Tuttavia, il lavoro dell'editor è ancora più difficile di quello di un consulente d'immagine, perché quando si fa editing su un romanzo, o su un saggio, i dubbi possono venire in ogni istante, in ogni momento, a ogni passaggio, davanti a ogni nuova parola che si incontra: tolgo la virgola? Metto la virgola? Uso la congiunzione? Tolgo l'avverbio? In questo senso il lavoro dell'editor non è molto diverso dallo scrittore già esperto e coscienzioso. La storia della letteratura e del giornalismo ci raccontano numerosi casi di autori che hanno *lottato*, persino litigato in maniera vivace con i loro editori o con i loro direttori di giornale per imporre questa o quella soluzione scritturale, senza mai raggiungere una completa soddisfazione.

Alle radici di simili problemi c'è naturalmente il fatto che la scrittura, qualsiasi scrittura, qualsiasi alfabeto, è una mera convenzione umana. Ne deriva che non tutti gli scrittori o gli editori possono trovarsi d'accordo con regole decise da altri per loro. Anche per questi motivi gli scrittori e gli editori hanno delle *libertà scritturali* generalmente non concesse ad altri utenti come per esempio agli insegnanti e agli alunni nelle scuole. Questo non significa che di una tale libertà occorra profittarne in maniera scriteriata perché le convenzioni servono a convogliare messaggi comprensibili ai più, mettersi troppo al di fuori di questo confine delimitante significa condannarsi alla solitudine, all'isolamento intellettuale e letterario.

Naturalmente quest'ultima opzione non è un'opzione da scartare per qualsiasi scrittore che favorisca una scrittura intimistica, modernista, laddove lo scrivere si fa soprattutto esercizio teso verso la crescita e la conoscenza dell'io, ma quando la scrittura è messaggio che deve raggiungere anche un più vasto pubblico il percorso è obbligato sotto diverse prospettive.

Contestualmente, quando si sta scrivendo un libro bisogna evitare di *strafare*, dato che verrà sempre il momento di fare una scelta, di scegliere la migliore opzione scritturale, quella che nel dato momento compositivo ci soddisfa di più. Nessuno può sapere se la scelta fatta sia la migliore, ma è indubbio che l'esperienza e le convenzioni editoriali aiutino a scegliere quella che, rispetto al contesto di riferimento, ha una maggiore resa estetica.

Perché ho voluto scrivere questo manuale? Perché nonostante le tante difficoltà che l'editing pone, apprendere quest'arte, perché di questo si tratta, non richiede lo stesso sforzo mentale che pone lo studio dell'ingegneria missilistica. La maggior parte delle sue regole sono semplici e immutabili. Dopo trenta anni di attività ci si può anche stancare di ripeterle in continuazione e avere un libro a disposizione da suggerire ai giovani autori può far guadagnare tempo. La mia speranza è che questo lavoro possa aiutare tanti futuri scrittori a prendere maggiore coscienza della propria forza, a credere nelle loro possibilità, a superare i piccoli ostacoli che prima o poi ha incontrato ogni scrittore sulla sua strada, e magari a pubblicare un giorno un libro di cui potremo andare tutti quanti orgogliosi e fieri.

Capitolo 1

Lo stile e il *flusso di coscienza*

Lo stile di un autore è dato dalle caratteristiche tipiche della sua scrittura. È dato dalla modalità con cui si pone nei confronti dell'argomento trattato, dalle scelte lessicali, grammaticali e sintattiche che fa, dal linguaggio, dalle strutture retoriche e dal vocabolario utilizzato. Lo stile è un tratto unico che contraddistingue ogni autore. Ogni scrittore ha un suo stile che in ultima analisi è forgiato dalla sua formazione, dal *background* sociale e culturale di provenienza, dalle esperienze di vita e che si modificherà nel tempo col divenire della storia personale e professionale.

Non esistono stili migliori di altri, ma tutti gli stili possono avere un tratto *attraente* che si fa ricordare dal lettore, che è persino in grado di fare la fortuna dell'autore che lo adotta. Anche lo stile, per essere davvero valido, necessita di un processo di raffinamento, che è in sé un vero e proprio processo di *editing*.

Uno dei maggiori problemi con cui si devono confrontare gli autori alle prime armi è il dover gestire tecnicamente quello che chiamerò *il disordine del loro flusso di coscienza*, il quale in questo contesto non ha nulla a che vedere con la tecnica narrativa, anche molto sofisticata, resa celebre dallo scrittore irlandese James Joyce.

Nel caso dei nuovi autori, il *flusso di coscienza* è dato da una caotica accozzaglia di parole, frasi, pensieri, racconti, dialoghi, conflitti interiori, emozioni, passioni, sensazioni, sentimenti, tutti riversati sul foglio senza contenimento, senza ordine né logica, ma ritenuti importanti e imprescindibili dall'io che scrive, difesi a spada tratta nel loro diritto a essere preservati dentro il testo. L'io-che-legge naturalmente può pensarla altrimenti, a volte si annoia, a volte si irrita, a volte procede con l'unica alternativa che gli resta davanti a un lavoro prolisso, scagliare il volume oltre lo steccato in maniera tale da non vederlo mai più.

Il compito di *informare* l'autore del penoso status-quo, qualora quest'ultimo abbia la fortuna di lavorare con una casa editrice seria, spetta all'editor. Sarà lui o lei a invitare lo scrittore a riprendere il dattiloscritto in mano e a dare la prima sforbiciata che permetterà al suo lavoro di cominciare a *respirare*.

"Tagliare, tagliare, tagliare" potrebbe essere il primo valido motto dello scrittore alle prime armi, o il primo suggerimento che gli/le si potrebbe dare, se non fosse che di norma non è così semplice: anche tagliare il *superfluo* in un libro è un'arte che per essere padroneggiata necessita di grande esperienza e intuito.

Capitolo 2

Tagliare, tagliare, tagliare?!

Un grande autore diceva che il problema nell'editing non è tanto decidere cosa tagliare quanto scegliere cosa lasciare. Questo è vero, ma bisogna aggiungere che un tale discorso si adatta per lo più ai grandi libri, corposi, completi. Un famoso caso che può rientrare in questa categoria è il romanzo *Il nome della rosa* pubblicato da Umberto Eco nel 1980. Quella validissima opera, come ricorderanno i suoi lettori, contiene nella sua parte iniziale un saggio molto erudito che dà evidenza della grande *scienza* dell'autore, ma che per molti critici si fa cameo troppo pesante appuntato sulla trama del romanzo.

Naturalmente simili problemi non si pongono con il lavoro di un autore alle prime armi, dove *tagliare* diventa un compito molto più facile ed è raro il romanzo di 300 pagine che dopo un attento lavoro di editing non si riduca alle canoniche 160. I tagli che un buon editor deve fare sono di diversa tipologia, ma in questo capitolo mi limiterò a elencare ciò che dovrebbe essere rimosso a livello contenutistico.

1) Nel caso in cui si stia scrivendo un romanzo, occorre tagliare tutte le parti che non sono funzionali alla storia. Se il

romanzo è scritto in prima persona, bisogna evitare di annoiare il lettore inserendo ogni pensiero del protagonista, perché se tale *pensiero* non rappresenta un reale valore aggiunto a livello estetico e di azione, esso produrrà solamente nervosismo o irritazione in colui o colei che legge.

2) Tagliare i lunghi periodi, sfoltirli.

3) Controllare se alcuni concetti che abbiamo espresso usando mezza pagina non possano essere raccontati in poche righe o anche in due parole.

4) Farsi coraggio e tagliare intere parti che in qualunque sezione del testo possano presentarsi ripetitive di concetti già espressi o di eventi già raccontati.

5) Se si sta lavorando su un saggio o un testo di natura accademica, tagliare qualsiasi divagazione che possa svilire il rigore narrativo e dare l'impressione che si stia scrivendo semplicemente per "allungare il brodo".

Cosa non bisogna tagliare? Non bisogna tagliare alcun passaggio che venendo a mancare potrebbe danneggiare la compiutezza della fabula o il divenire dell'intreccio. Nel caso in cui sia stato necessario fare dei tagli, bisogna ricordarsi di aggiungere nuovamente, nel punto più adatto, gli *indizi* che potrebbero essere fondamentali per il corretto svolgersi della storia. Questo discorso è tanto più valido per gli scrittori di romanzi gialli o di qualsiasi testo che implichi un percorso logico con rivelazioni di tipo agnitivo in chiusura.

Capitolo 3

La logica discorsiva

Riagganciandomi a quanto appena scritto sul dovere che ha l'autore di un romanzo giallo di preservare ogni elemento, dato, indizio, necessario all'ottimale *denouement* o scioglimento finale, aggiungo che qualsiasi *taglio* effettuato deve preservare la concatenazione logica sia a livello narrativo che rispetto alle necessità della fabula e dell'intreccio.

In altri casi, invece, soprattutto quando ha che fare con un testo di uno scrittore alle prima armi, il compito di un buon editor è esattamente l'opposto, ed è quello di marcare i luoghi della narrazione in cui il filo logico si perde lasciando il lettore smarrito. Uno sviluppo logico del tessuto narrativo si fa orizzonte d'attesa minimale di qualsiasi tipo di creazione. Anche nel caso in cui si stia scrivendo una fiaba, laddove l'elemento magico o miracolistico è elemento portante dei *topos* di genere, bisogna utilizzare dei minimi accorgimenti. Un conto è scrivere che sfregando una lampada magica appare un genio che a sua volta sarà in grado di omaggiare l'eroe con una tavola imbandita di ogni ben di Dio e pronta per un banchetto luculliano, un conto è scrivere che tale tavola appare di suo all'improvviso senza spiegare alcunché. Insomma, ogni diverso universo fantastico vive certamente di regole proprie, ma tali regole, per essere comprese da chi abita il nostro universo fisico, debbono per forza rivelare la tipologia di logica di base che le fa esistere.

Il vero problema di riuscire a costruire un percorso narrativo logico e credibile non sta comunque nelle macro-sezioni che compongono un racconto o un romanzo, quanto piuttosto nei micro-elementi creati con il divenire della storia e che possono essere *dimenticati* nel proseguo del lavoro da uno scrittore senza esperienza.

Come impedire questa possibile complicazione? Basta creare un memorandum alla fine di ogni capitolo da rivisitarsi dopo che la prima revisione del testo è finita. In questo modo ogni arco narrativo creato verrà nuovamente messo sotto la lente di ingrandimento, sviluppato se necessita di interventi sostanziali, o chiuso nel caso in cui qualche *questione* sia rimasta in sospeso.

Ecco un esempio pratico del *problema* appena descritto. Nel quarto capitolo del nostro racconto abbiamo informato il lettore che a casa della protagonista è arrivata in visita la nonna dalla Spagna. Nel proseguo della storia si nota però che la nonna non avrà mai neppure un ruolo minimale nelle vicende che stiamo raccontando, al punto che questo personaggio secondario non verrà più citato. Tuttavia, anche se la voce narrante continuerà a ignorarlo, ci sarà sempre qualcuno che giustamente si domanderà: che fine ha fatto la nonna? Un buon editor a quel punto dovrebbe intervenire suggerendo all'autore almeno queste due possibilità di risolvere:

1) Tagliare il periodo in cui si cita l'arrivo della signora.

2) Inserire almeno due righe per spiegare che la donna si è trasferita dalla zia oppure è già tornata a casa, o qualsiasi altra soluzione possa soddisfare la curiosità del lettore e meglio si adatti alle necessità del narrato.

Come già ricordato, in generale è consigliabile non inserire archi narrativi che non verranno mai sviluppati completamente o non siano attinenti alla storia raccontata. L'informazione sulla visita della nonna può essere convogliata in altri modi se è indispensabile riportarla, come per esempio utilizzando le tecniche del *flashback*, del mero ricordo o come fosse una informazione, un fatterello, un qualsiasi pettegolezzo riportato nel contesto dell'asse dialogico interno, vale a dire nei discorsi tra personaggi.

Capitolo 4

Regola numero 1: *keep it simple!*

Ecco un esercizio che dovrebbe fare qualsiasi autore o autrice che voglia raffinare la sua arte dell'editing: provare l'abilità tecnica tentando di rendere *migliorabile* qualsiasi costrutto o frase anche già pubblicata da un giornale, da una rivista, o che trova in un libro.

Facciamolo subito: quanti tagli o correzioni si potrebbero apportare al titolo di questo capitolo? Secondo me almeno tre. Il primo taglio riguarda la parola "numero": perché è stata usata nel titolo e per giunta in quella maniera? Scrivere "Regola numero 1" e scrivere "Regola 1" non è forse la stessa cosa? Se il significato è lo stesso perché allungare la frase inutilmente? Certo che scrivere "Regola numero 1" e scrivere "Regola 1" è la stessa cosa, con la differenza che la seconda opzione è più pulita, fluida, concisa. Non a caso la *regola* principale dell'editing, una regola che a questo punto potrei chiamare la "Regola zero" dice che la semplicità premia sempre, in qualsiasi contesto.

Con ciò si vuole anche significare che in presenza di due termini che sono più o meno sinonimi, è sempre bene optare per l'opzione più semplice e più comune (per esempio, è meglio scrivere "lui disse" di "lui mormorò", "lui articolò", "lui pronunciò", ecc.), mentre le frasi, a meno che non si stia scrivendo un saggio tecnico molto specifico, relativo a materie corpose come la filosofia, la psicoanalisi, la fisica, dovrebbero essere stringate e semplici. La stringatezza del periodo è una strategia importante per creare catarsi, poesia e un senso di attesa nel lettore.

Sempre a proposito di semplicità, oltre a evitare di usare paroloni fuori luogo, bisognerebbe anche cercare di dare omogeneità e tonicità al testo eliminando i termini stranieri, a meno che questi ultimi non siano concetti tecnici ampiamente impiegati nella lingua di riferimento, come per esempio i tanti termini inglesi che vengono usati nel mondo informatico anche in un contesto linguistico italiano, o altrettanti nomi latini che ancora oggi vengono preferiti per la classificazione di specie di piante o animali.

Ne deriva che l'espressione in lingua inglese *keep it simple!* usata nel titolo di questo quarto capitolo, potrebbe essere resa meglio con l'italianissimo "la semplicità paga!", o qualcosa di simile. Alcuni editor potrebbero trovare anche molto pesante la sottolineatura con il punto esclamativo che effettivamente appare ridondante. Insomma, una semplice analisi ci fa capire che io come autrice avrei avuto opzioni migliori nella scelta del titolo di questa sezione del mio manuale, opzioni che peraltro avrebbero reso la stessa significazione. La mia preferita è appunto "La semplicità paga".

Capitolo 5

L'incipit

"Quel ramo del lago di Como, che volge a mezzogiorno, tra due catene non interrotte di monti, tutto a seni e a golfi, a seconda dello sporgere e del rientrare di quelli, vien, quasi a un tratto, a ristringersi, e a prender corso e figura, tra un promontorio a destra, e un'ampia costiera dall'altra parte".

"Gregor Samsa, destandosi un mattino da sogni agitati, si trovò trasformato nel suo letto in un enorme insetto immondo. Riposava sulla schiena, dura come una corazza, e sollevando un poco il capo scorse il suo ventre arcuato, bruno e diviso in tanti segmenti ricurvi, in cima a cui la coperta del letto, ormai prossima a scivolar giù tutta, si manteneva a fatica. Le gambe, numerose e sottili da far pietà rispetto alla sua normale corporatura, tremolavano senza tregua in un confuso luccichio dinnanzi ai suoi occhi".

Quale studente o lettore non ha mai incontrato sulla sua strada questi due incipit letterari? Il primo è l'inizio de *I promessi sposi,* il romanzo pubblicato da Alessandro Manzoni nel 1827, il secondo è il celeberrimo attacco de *La metamorfosi* di Franz Kafka, un lungo racconto modernista del 1915. Quanti altri incipit di opere letterarie, ricordiamo? Tanti. Nella maggior parte dei casi sono rimasti impressi nella nostra mente grazie alla loro qualità estetica, al loro senso del ritmo, alla loro significazione, alla catarsi che sono riusciti a creare in noi.

L'incipit, le prime righe di un racconto, di una novella, di un romanzo, ma anche di uno scritto di tipo saggistico, sono importanti, importantissime. Se tale *inizio* non sgorga subito dall'anima alla stregua di un verso bello e già completo, bisogna che l'autore lo limi per tutto il tempo, ci torni in continuazione e smetta di lavorarci solo quando si sentirà completamente soddisfatto.

Un valido modo di procedere per creare questo segmento scritturale che per sua natura dovrà farsi ricordare, è dunque quello di impreziosirlo piano piano, rivederlo e modificarlo ogni volta che, nel proseguo del lavoro, ci viene una buona idea, una ispirazione in grado di fare una differenza. Non è paradossale sostenere che l'incipit di un libro, il suo *attacco*, il suo inizio, dovrebbe essere pure l'ultima parte da ricontrollare, quella dopo il cui completamento si smette di scrivere perché si è certi che con le scelte effettuate abbiamo regalato degli in-più importanti al nostro libro già terminato.

Anche nel caso dell'incipit la "semplicità paga", ma come già ricordato in questo caso paga anche la qualità lirica se si sta scrivendo un romanzo intimistico, o l'atmosfera di mistero e di coinvolgimento che si riesce a creare nel caso in cui si stia scrivendo un romanzo giallo. Qualunque sia la scelta fatta o il genere letterario con cui ci stiamo confrontando, l'incipit deve saper generare catarsi nel lettore e voglia di continuare a leggere, un qualcosa che, in un tempo digitalizzato dove tutto è scrittura, non è un traguardo facile da raggiungere, per nessuno.

Capitolo 6

Il narratore

Per un editor esperto è abbastanza facile capire se il romanzo che ha tra le mani è stato scritto da un professionista o da un autore alle prime armi, anche quando la scrittura è di ottima qualità.

Una delle trappole più comuni in cui cadono i giovani autori, è il lasciare troppo spazio a un narratore onnisciente che continua a parlare, raccontare, descrivere per pagine e pagine senza fermarsi mai a respirare, svolgendo il suo e l'altrui ruolo, riuscendo quasi invariabilmente a raggiungere sempre lo stesso risultato: annoiare a morte il lettore e segnare in maniera infelice il destino del libro.

Come ben sa ogni scrittore, esistono diversi tipi di narratore. Il narratore può essere **omodiegetico**, laddove l'io che racconta si espone in prima persona e può coincidere con quello di un personaggio. L'utilizzo di questa strategia permette di avvicinare il lettore alla vicenda raccontata, provvede l'illusione di un maggior realismo e, sotto altri punti di vista, restringe la visuale del lettore a quella che ha la voce narrante.

Il narratore **eterodiegetico** parla invece in terza persona e può essere: 1) onnisciente (sa tutto sull'universo raccontato); 2) non onnisciente (conosce parzialmente i pensieri e le emozioni dei personaggi e anche i fatti nel loro divenire); 3) gioca un ruolo più presente o distaccato a seconda dei commenti o delle digressioni destinate al lettore che include nel tessuto narrativo.

Esistono anche soluzioni retoriche che prevedono più narratori e altre (come il flusso di coscienza joyciano) che si risolvono in meri monologhi interiori. La figura del narratore resta tuttavia sempre centrale perché determina il **punto di vista**, cioè la prospettiva da cui è narrata la storia ed è descritta la scena. Il punto di vista può essere a sua volta 1) fisso/mobile; 2) interno/esterno; 3) ampio/ristretto.

Ammettiamolo, lasciar parlare il narratore è più facile, il *flusso di coscienza autorale*[1] (non quello joyciano) marcia in libertà e si riesce persino a faticare molto di meno, infischiandocene delle necessità paratestuali e allungando il brodo in maniera sostanziale. Un *problema* che si può palesare quando si ragiona in questo modo, è scoprire ben presto che un testo e un romanzo valido non vivono quasi mai dentro un universo bidimensionale fatto di altezza e lunghezza, di orizzontalità e di verticalità, ma necessitano di profondità su più livelli. Nel romanzo moderno necessitano persino di tanti momenti cronotopici bachtiniani[2] ottenibili solamente quando i

---

[1] Cfr. Capitolo 1

[2] Mikhail Bakhtin (1895-1975) filosofo russo, studioso di semiotica, autore di numerosi saggi di estetica e di teoria della letteratura.

personaggi e il narratore sfruttano le proprietà della dimensione tempo esplicitate nella teoria della relatività generale di Einstein pubblicata agli inizi del ventesimo secolo.

Qual è il trucco più efficace per dare profondità anche a un semplice racconto senza troppe pretese? Il trucco più efficace è di limitare le scene descrittive e togliere la parola al narratore invasivo, lasciando che siano i personaggi, attraverso il discorso diretto, a raccontarsi e a raccontare la storia. Questa tecnica scritturale, la preferita nella narrativa post-moderna, permette a un tempo di creare un testo brillante, colorato, riempito di suoni, di esclamazioni, proprio come tutto ciò che è vita, e di presentare dei personaggi dotati di uno spessore che non avrebbero altrimenti, laddove i continuati interventi del narratore rischiano nella maggior parte dei casi di relegare gli *eroi* della storia a macchiette bidimensionali.

Attraverso il discorso diretto noi riusciamo a capire quali siano i pensieri, le emozioni, le preferenze di ciascun personaggio, a immedesimarci in lui o in lei, ne scopriamo il suo idioletto, vale a dire il linguaggio che gli/le è tipico nelle diverse situazioni e circostanze.

La preferenza stilistica attuale a proposito del discorso diretto è quella di avere scambi secchi, precisi, che non necessitino di un paratesto soffocante.

Ciò detto occorre sottolineare che queste strategie sono comunque molto datate. Ecco un esempio di diverso approccio tecnico in un classico come *I promessi sposi*.

"- Lucia! - disse Renzo, senza moversi: - ditemi almeno, ditemi: se non fosse questa ragione... sareste la stessa per me? - Uomo senza cuore! - rispose Lucia, voltandosi, e rattenendo a stento le lacrime: - quando m'aveste fatte dir delle parole inutili, delle parole che mi farebbero male, delle parole che sarebbero forse peccati, sareste contento? Andate, oh andate! dimenticatevi di me: si vede che non eravamo destinati! Ci rivedremo lassù: già non ci si deve star molto in questo mondo. Andate; cercate di far sapere a mia madre che son guarita, che anche qui Dio m'ha sempre assistita, che ho trovato un'anima buona, questa brava donna, che mi fa da madre; ditele che spero che lei sarà preservata da questo male, e che ci rivedremo quando Dio vorrà, e come vorrà... Andate, per amor del cielo, e non pensate a me... se non quando pregherete il Signore. E, come chi non ha più altro da dire, né vuol sentir altro, come chi vuol sottrarsi a un pericolo, si ritirò ancor più vicino al lettuccio, dov'era la donna di cui aveva parlato. - Sentite, Lucia, sentite! - disse Renzo, senza però accostarsele di più[3]".

Nel brano appena citato, benché l'autore opti per il discorso diretto, quest'ultimo resta comunque gravato da una qualità ibrida,

---

[3] Tratto dal capitolo XXXVI de *I promessi sposi* di Alessandro Manzoni (1827)

incorniciato dai commenti esplicativi della voce narrante impegnata a raccontare chi ha detto questo e chi ha risposto quello. Il passaggio immediatamente successivo vive invece più liberato da simili costrizioni narrative, guadagnandone in freschezza, vivacità (anche a dispetto della tematica trattata), e acquistando un tratto straordinariamente moderno.

"- No, no; andate per carità!
- Sentite: il padre Cristoforo...
- Che?
- È qui.
- Qui? dove? Come lo sapete?
- Gli ho parlato poco fa; sono stato un pezzo con lui: e un religioso della sua qualità, mi pare...
- È qui! per assistere i poveri appestati, sicuro. Ma lui? l'ha avuta la peste?"4

Come evitare di appesantire i brani dialogici inutilmente? Facendo ricorso a strategie tecniche che permettano di dare al lettore tutti i punti di orientamento di cui necessita per comprendere il divenire del racconto, già dentro gli scambi diretti tra personaggi. Ecco un esempio:

"Cosa stai dicendo?" disse Maria a Giovanni.
Lui andò a sedersi accanto a lei e rispose: "Ho detto che Laura e Angelo stanno divorziando".

La stessa situazione avrebbe molto più ritmo e vivacità se gestita solamente dai personaggi come dentro un dialogo teatrale:

---

4 Ibidem

"Cosa stai dicendo, Giovanni?".
"Permettimi, Maria, mi siedo qui accanto a te.
Ho detto che Laura e Angelo stanno divorziando".

Le informazioni, anche spaziali, ottenute dal
lettore sono le stesse, ma il ritmo è diverso e la
conoscenza che acquistiamo sul carattere dei
personaggi è senz'altro più profonda e importante.

Capitolo 7

I personaggi

Così come accade con tante dinamiche umane, i ruoli che vengono svolti dai personaggi di un romanzo dipendono dalla prospettiva di visione e di lettura di chi li osserva o li racconta, ma da un punto di vista strettamente tecnico possiamo distinguerli in:

- Eroi
- Antieroi
- Aiutanti degli uni e degli altri

Gli "eroi" e gli "antieroi" sono in genere coloro che portano avanti la storia, che la risolvono, sono i personaggi principali da leggersi in opposizione ai personaggi secondari o aiutanti che possono svolgere una pluralità di compiti e agire nei contesti temporali, spaziali e narrativi più disparati.

Nel capitolo precedente abbiamo visto come per creare dei personaggi validi, credibili, dotati di spessore, l'utilizzo del discorso diretto possa rappresentare una strategia narrativa molto efficace, tuttavia da sola non basta.

Cosa rende un personaggio di fantasia credibile indipendentemente dal suo ruolo? Prima di tutto il presentarsi come un tipo interessante che si fa notare per una pluralità di tratti che possono essere tanto caratteriali quanto fisici. Harry Potter, il maghetto creato dalla fantasia di J.K. Rowling, è sicuramente un personaggio molto interessante per le sue doti di mago, ma è pur vero che basta guardarlo e notare la sua curiosa cicatrice in fronte, per riconoscerlo subito. Un personaggio è inoltre tanto più credibile quando ha una sua valida ragion d'esistere. Ne deriva che quando un autore crea un nuovo "eroe" dovrebbe domandarsi: quale sarà il suo ruolo? In che maniera servirà la storia? La sua presenza è superflua? La storia ne può fare a meno? Se la risposta all'ultima domanda è sì, allora anche le altre non hanno ragion d'essere, proprio come il personaggio stesso.

Un altro errore che può commettere uno scrittore non troppo esperto è quello di descrivere con grande attenzione il suo "eroe" (dandogli il nome, soffermandosi sul suo aspetto, sulle caratteristiche più importanti della personalità, raccontando il suo stato d'animo o il *background* socioculturale di provenienza) e lasciare gli "antieroi" nell'ombra: ma cosa sarebbe zio Paperone senza la Banda Bassotti e senza Rockerduck? Cosa sarebbe Davide senza Golia? In realtà più forte, ben costruito, meno piatto e meno stereotipato sarà il suo avversario, tanto più ne guadagnerà l'eroe.

Inoltre, tutti i personaggi principali dovrebbero essere riconoscibili dai loro vizi e dalle loro virtù in egual misura, così come dovrebbero essere facilmente individuabili dalla chiarezza degli obiettivi che intendono raggiungere, i quali dovrebbero essere *sentiti* dal lettore come avessero la stessa valenza etica e morale delle sfide che si pone un essere umano in carne e ossa. Un personaggio valido pensa, fa, reagisce al fare altrui, parla con il linguaggio, o il vernacolo, che appartiene al suo mondo, al suo tempo, vive gioie, dolori, conflitti che esistendo generano tensione, anche narrativa, e non possono che arricchire il romanzo, anzi, sono il romanzo.

Tuttavia, se questi sono i requisiti minimi per la creazione di personaggi passabilmente credibili, la creazione di eroi e antieroi che riescano ad acquistare un valore anche artistico dipenderà interamente dal talento dell'autore. Dipenderà dalla sintassi semplice o complessa utilizzata per raccontarli e farli vivere, dal vocabolario realistico o astratto, dalla sua carica simbolica, dagli espedienti retorici in forma di metafore, similitudini, personificazioni che saprà creare per arricchire il tessuto narrativo, dal tono e in definitiva dal suo personalissimo tocco geniale che saprà fare una differenza e sfiorare l'animo altrui.

Capitolo 8

I pronomi

I pronomi sono quei segmenti discorsivi variabili utilizzati al posto di un nome, usati per parlare di una persona o di un oggetto senza nominarli. Esistono diverse tipologie di pronomi:

- Pronomi personali: io, tu, egli, noi, voi, essi...
- Pronomi relativi: che, cui, il quale...
- Pronomi possessivi: mio, tuo, suo, nostro, vostro, loro...
- Pronomi dimostrativi: questo, codesto, quello, stesso, medesimo, tale...
- Pronomi indefiniti: alcuno, nessuno, qualcuno...
- Pronome interrogativi: che? Ecc.

I pronomi sono presenti in tutte le lingue indoeuropee, nell'italiano, nel francese, anche nell'inglese, nel tedesco, ma il loro utilizzo, o l'importanza del loro ruolo, può essere diversa a seconda della lingua. Per esempio, nella lingua italiana il pronome personale soggetto può essere sottinteso, ma in lingue come l'inglese esso dovrebbe essere sempre espresso, con poche eccezioni come è il caso dell'imperativo.

Perché ho voluto sottolineare questa regola? Perché quando si scrive in italiano bisognerebbe evitare le **cacofonie** prodotte dall'eccessivo utilizzo di pronomi, anche possessivi, non necessari, laddove, senza, la narrazione diventa persino più chiara: provare per credere!

PRONOMI PERSONALI

PRONOMI SOGGETTO	PRONOMI DIRETTI FORMA ATONA / FORMA TONICA		PRONOMI INDIRETTI FORMA ATONA / FORMA TONICA		PRONOMI RIFLESSIVI
io	mi	me	mi	a me	mi
tu	ti	te	ti	a te	ti
lui Lei lei	lo La la	lui Lei lei	gli Le le	a lui a Lei a lei	si
noi	ci	noi	ci	a noi	ci
voi	vi	voi	vi	a voi	vi
loro	li le	loro	gli (loro)	a loro	si

Capitolo 9

Avverbi e aggettivi

È raro l'autore pubblicato da una valida casa editrice che non abbia mai letto il saggio *On writing: A Memoir of the Craft*[5] dato alle stampe da Stephen King nel 1999. Nel tempo questa opera è diventata una sorta di manuale obbligato per ogni editor che si rispetti, e si fa ricordare per i tanti consigli utili che sa dare ai giovani autori.

Tra questi ultimi c'è senz'altro il continuo avvertimento a ridurre l'utilizzo di aggettivi e soprattutto di avverbi allo stretto necessario, specialmente quando usati come diminutivi o superlativi. King è forse il più famoso, ma certamente non è il solo autore a dare questo consiglio, anche perché chiunque si dedichi alla scrittura professionale non tarderà a realizzare quando tale suggerimento sia valido. Non ci credete? Ecco un esempio pratico:

"Maria si alzò avvertendo un senso di grande spossatezza. Immediatamente andò verso il bel lavandino che la cameriera aveva diligentemente pulito solo poche ore prima e afferrato un grosso bicchiere dorato si versò del latte".

"Maria si alzò avvertendo un senso di grande spossatezza. Immediatamente Andò verso il bel

---

[5] Pubblicato in Italia con il titolo: *On writing. Autobiografia di un mestiere*, dalla Sperling & Kupfer.

lavandino che la cameriera aveva diligentemente pulito solo poche ore prima e afferrato un grosso bicchiere dorato si versò del latte".

Visto? L'informazione trasmessa non è cambiata in nessun modo, ma il passaggio editato è adesso più fluido, conciso, dinamico e pulito.

Capitolo 10

I *filler* o *riempitivi*

Cosa sono i *filler* o *riempitivi*? Sono quei termini che, indipendentemente dalla loro funzione grammaticale, vengono usati dalla voce narrante come *punti d'appoggio* per mandare avanti il discorso. Sono parole come: dunque, quindi, comunque, ciononostante, infatti, tuttavia. Ma possono essere anche avverbi o persino piccole frasi in forma di luoghi comuni (es: tutti i nodi vengono al pettine, non c'è rosa senza spine, ecc.), di proverbi molto usati (rosso di sera bel tempo si spera, una rondine non fa primavera, ecc.), o anche locuzioni tipiche del nostro idioletto.

Nella scrittura professionale questi *riempitivi* dovrebbero essere evitati il più possibile. Certamente dovrebbero essere eliminati quasi del tutto i luoghi comuni e i proverbi, a meno che non abbiano una funzione importante nel contesto in cui vengono utilizzati, mentre gli altri *filler* dovrebbero essere impiegati con il contagocce o solo quando è necessario.

In un romanzo una strategia molto valida per evitare di ricorrere a riempitivi scontati, ai cliché letterari, è quella di usare in tali punti nevralgici il discorso diretto. Così facendo il macro-discorso narrativo se ne avvantaggerà in termini di sostanza, brio, ritmo e vivacità.

Un'altra metodologia molto efficace per creare un passaggio narrativo ricco, originale, elegante, è quella di non scegliere mai il primo termine che ci viene in mente, ma di privilegiare la parola più appropriata, e di fare in modo che ciascuna parola conti, abbia un suo peso specifico all'interno di una frase o di un passaggio più complesso. La varietà della terminologia impiegata (ma anche dei costrutti narrativi adoperati, diversi anche in termini di lunghezza e complessità), è l'antidoto più efficace contro l'esagerata presenza nel libro di espressioni stereotipate, mentre un ricco vocabolario aiuta il testo a guadagnarne anche in spessore artistico e a scacciare la noia in colui che lo leggerà.

Capitolo 11

I tempi verbali

Si può scrivere al presente e si può scrivere al passato. La maggior parte degli autori di romanzi usano il passato remoto, l'imperfetto, il trapassato prossimo, il condizionale anche al passato. Ciascuno di questi tempi verbali dà alla storia un tocco diverso, romantico, epico, antico, e molta dell'arte dello scrittore sta nello scegliere il giusto tempo verbale per il suo lavoro, quello che saprà arricchire di più la vicenda e il contesto temporale e storico raccontato. Anche lo scrivere al presente, specialmente in testi di genere modernista o post-moderno, può diventare un in-più che arricchisce un libro.

Rispetto a questo argomento, sono due i punti su cui l'autore dovrebbe porre la massima attenzione:

1) La scelta del tempo verbale che più si adatta alla sua creazione
2) La costanza nell'utilizzo del tempo verbale scelto. Una volta che si è presa una decisione, bisognerebbe tentare di restare coerenti con quella e con le sue necessità grammaticali, altrimenti si rischia di creare un canovaccio confuso, incorretto e illeggibile.

Capitolo 12

Ascolta il tuo libro

Che si tratti di verificare i tempi verbali, l'eccessivo utilizzo di *riempitivi*, di avverbi o aggettivi ingombranti, la via è obbligata per lo scrittore: deve imparare ad *ascoltare* il suo libro.

Imparare ad ascoltare il proprio libro, la propria scrittura, è anche questa un'abilità artigiana che si apprende nel tempo, ed è la condizione imprescindibile per riuscire a individuare e a correggere le *cacofonie* che si creano nel tessuto narrativo e che possono appesantirlo o imbruttirlo.

Allo scopo di dare una mano ai lettori di questo manuale impegnati nella scrittura di un libro, presento qui di seguito una lista indicativa di ciò che può generare *cacofonia tecnica* in un contesto scritturale e che dovrebbe essere corretto ancor prima di mandare il lavoro a un editore, darlo in mano a un editor, o anche solamente farlo leggere agli amici:

- **Le ripetizioni di parole.** Che si tratti di un aggettivo, di un nome, di un pronome, di un articolo, evitate di riproporre lo stesso termine all'interno della stessa pagina. Per aiutarvi in questo imparate a usare i sinonimi perché così facendo arricchirete in maniera importante anche il vostro vocabolario.

- **Le parole *esagerate***. Per parole "esagerate" intendo termini che risultano chiaramente stonati all'orecchio ed esteticamente fastidiosi, ma anche parole non congrue con il periodo storico e il contesto sociale dentro cui vive la storia raccontata. Se il romanzo che si sta scrivendo è ambientato nei nostri tempi digitali, l'utilizzo di parole desuete (quali invero, in guisa, ecc.), può arrivare al lettore come un accorgimento affettato. Allo stesso modo se la trama è ambientata in un salotto vittoriano, bisognerà stare attenti a non usare il linguaggio troppo liberato dei nostri tempi.

- **Le parole e i costrutti ridondanti**. Il concetto di "tagliare, tagliare, tagliare" può e deve essere applicato anche a qualsiasi termine o costrutto ridondante (in quanto eccessivo, ordinario, illeggibile, ecc.), la cui assenza non danneggi lo scritto o ne diminuisca la significazione. Di norma dopo l'eliminazione di questi *passaggi* il testo dovrebbe guadagnarne in freschezza e ritmo, dovrebbe poter respirare meglio.

- **Un'atmosfera e un tono fuori luogo**. Umorismo, goliardia, un tono epico, giocoso, lirico, sono tutti elementi che possono arricchire o deprimere uno scritto: attenzione a usarli nel giusto contesto e a non trasformare il tono serio in serioso.

Come riuscire a fare tutto quanto appena esposto? Imparando a diventare i peggiori critici di noi stessi!

Capitolo 13

Critici di noi stessi

Non si può diventare buoni editor, né tanto meno buoni scrittori, se non si impara a diventare i più feroci critici di noi stessi.

Uno dei primi tratti da cui si riconosce uno scrittore alle prime armi è il fatto che non appena un editor, un editore, un qualsiasi lettore fa un commento sul suo libro, su una sezione dello stesso, su una frase, e magari ne propone il taglio, la modifica, il perfezionamento, colui o colei si offende quasi come se si fosse appena consumato un reato di lesa maestà. Di contro lo scrittore di lunga esperienza, l'artista consumato che ha imparato bene a *sentire* la sua scrittura, può diventare altrettanto pedante e irritante quando propone continui cambiamenti anche della singola parola senza ritenersi mai soddisfatto.

Naturalmente per un editor lavorare con uno scrittore di provata esperienza è più facile, soprattutto perché se è vero che ci sono sempre diverse soluzioni di linguaggio e stilistiche per esprimere uno stesso concetto, è pur vero che in presenza di una soluzione *valida* i tecnici riescono a riconoscerla subito e a raggiungere l'accordo necessario a muovere oltre.

Diventare validi critici del nostro lavoro non è un risultato che si può ottenere dall'oggi al domani, ma è piuttosto un processo che si perfeziona nel tempo. Il futuro scrittore deve determinarsi a scrivere, scrivere, scrivere, fino a che un giorno *saprà da sé* di avere fatto quell'importante salto verso il professionismo (che non si significa diventare scrittori famosi, ma significa diventare scrittori capaci). Come saprà di essere finalmente riuscito nel suo intento? Perché sarà sempre in quel giorno che vorrà prendere tutta la sua produzione precedente e distruggerla, darle fuoco o cestinarla, l'importante è che mantenga la distanza.

Sbagliato! Noi siamo sempre il risultato del percorso fatto fino a raggiungere il dato tempo X nel presente e non dovremmo mai vergognarci di ciò che siamo stati prima, dovremmo piuttosto riuscire a costruire su quel passato con orgoglio, fierezza e determinazione.

Tuttavia, fino al momento in cui quel miracolo di rinnovata comprensione e visione sotto diversa prospettiva del proprio lavoro, non avverrà, lo scrittore esordiente dovrà mostrare anche pazienza, disponibilità ad accettare i consigli di chi ha maggiore esperienza e l'umiltà necessaria per affidarsi alla guida di chi per ovvie ragioni, anche solamente anagrafiche, ne sa più di lui o di lei.

Capitolo 14

Le *dritte* altrui

Così come accade con tante altre situazioni della vita, anche quando si scrive un libro le *dritte* altrui sono una preziosa fonte informativa indispensabile per ottenere il miglior risultato. Da questo punto di vista non sto parlando solamente dei consigli che può dare un editor o un editore, un collega scrittore, ma di una molteplicità di informazioni e di suggerimenti che possono venire da una variegata tipologia di lettori accorti e con diverse specializzazioni professionali, tanto più utili quando più vicine alla tematica trattata nel libro in questione.

Per essere più chiara farò l'esempio dello scrittore di un libro giallo che racconta una morte per avvelenamento. Ecco, in una simile situazione, prima di procedere alla pubblicazione, o anche all'invio del dattiloscritto a una casa editrice, sarà bene farlo leggere a un esperto di veleni, ma anche a un medico con una qualche esperienza nel campo. Questo controllo esterno diventa tanto più importante se si sta scrivendo un saggio sui veleni, laddove l'opinione dei colleghi esperti in materia può salvare l'autore da gaffe importanti e si fa anche prassi accademica.

Leggere, e *far leggere* un libro da *lettori tecnici*, in grado di valutarlo sotto una pluralità di prospettive informate, è un requisito minimo che è anche un percorso obbligato per qualsiasi autore capace che tenga veramente al destino ultimo del suo lavoro.

Capitolo 15

Il lettore non è stupido

Un altro *problema* che un editor deve affrontare molto spesso quando sta lavorando su un testo di un autore alle prime armi, anche quando si tratta di autore talentuoso, coscienzioso e che abbia applicato alla lettera i suggerimenti dati fino a questo momento, è quello di dover tagliare molte sezioni del testo esageratamente esplicative.

Un autore esordiente tende a spiegare tutto, quasi come se ritenesse il suo lettore dotato di una qualità stupida importante. Non è così! In realtà il lettore accorto non è solamente in grado di seguire perfettamente una narrazione chiara, di carpirne le sottigliezze, ma ama essere tenuto all'oscuro di tante cose, ama assaporare un mistero che diviene proprio come l'ottimo sommelier ama centellinare un buon whiskey.

Tra scrivere un testo chiaro, comprensibile a chi legge, e calare tutte le carte sul tavolo subito c'é una grossa differenza. Questo discorso è valido sia quando applicato alle singole frasi, laddove l'arte di riuscire a limarle, a troncarle nel punto giusto, a creare cesure d'effetto, richiede molta perizia tecnica, sia quando applicata alla storia nella sua interezza, la quale deve essere "dosata" capitolo per capitolo in maniera saggia e accorta.

Un buon scrittore deve essere in grado di inventare una bella storia, un intreccio complesso arricchito da archi narrativi ben sviluppati, ma deve anche saper costruire il suo *climax*, il suo culmine narrativo ed estetico, passo passo, abilmente. L'abilità sta per lo più nell'essere corretto verso il lettore, nell'offrirgli ciò di cui necessita per seguire senza problemi il racconto fino al momento X di lettura, senza dimenticare nulla, senza nascondergli nulla. A un tempo, l'abilità dell'autore sta nel dosargli in maniera lucida ogni informazione in maniera tale da tenere viva la catarsi in lui o lei, e impedirgli, impedirle, di riporre il libro prima di avere letto anche l'ultima riga. Un buon romanzo deve potersi leggere tutto d'un fiato e a un tempo deve saper togliere il fiato!

Capitolo 16

Non strafare

Accuratezza, coscienziosità, serietà, diligenza, meticolosità, precisione e soprattutto un senso per il **rigore** tecnico nel caso in cui stia scrivendo un saggio o un trattato, sono certamente delle caratteristiche che contraddistinguono anche lo scrittore esordiente ma intenzionato ad avviarsi verso la scrittura professionale. Quindi va bene, benissimo, controllare e ricontrollare, limare, lisciare, smussare, correggere, rifinire, ritoccare, migliorare, perfezionare ogni termine, ogni passaggio, specialmente se si sta lavorando alla scrittura di un volume importante, o di un romanzo valido e complesso, tuttavia bisogna che arrivi anche il momento in cui l'autore dica basta e metta via la penna (o il computer).

Lo scrittore deve evitare di *strafare* perché *l'over-doing,* se da un lato raramente aggiunge qualcosa a un testo già lavorato, dall'altro può snaturarlo. L'autore può insomma rischiare di deprimere il tono lirico che la sua scrittura possiede solo quando nasce spontaneamente dall'anima, e può rischiare di mutare in maniera importante l'originale messaggio che aveva inteso dare ai suoi lettori.

Per ogni buon autore viene sempre il momento in cui deve trovare il coraggio di recidere il cordone ombelicale che lo lega al libro, e come una buona madre, amorevole ma diligente, deve lasciare che il *pargolo* cominci a percorrere le strade del mondo in solitudine, che trovi la sua fortuna e il suo destino, qualunque esso sia.

Subito dopo la pubblicazione sono diversi i sentimenti che possono prendere uno scrittore, da un senso di svuotamento a un senso di tristezza, di inutilità. Sotto dati punti di vista non è esagerato scrivere che un autore che abbia appena pubblicato un libro, soprattutto se quel libro è il primo, si ritrova alla stregua di una donna che abbia appena partorito un figlio, vive quelle stesse fragilità, o delle insicurezze molto simili.

Per superare quest'*impasse* che può prendere chiunque abbia lavorato duramente, coltivando grandi speranze per il suo libro, bisognerebbe ricordare almeno qualcuna di queste verità:

- Che sono pochi i libri che hanno cambiato il destino del mondo e che molto probabilmente il nostro non lo farà, ma questo non significa che non abbiamo creato qualcosa di valido.
- Che essere pubblicati da un editore di nome non vuol dire in nessun modo che siamo diventati degli scrittori *arrivati*.
- Che qualche refuso nel testo finito e pubblicato ci sarà sempre, nei migliori luoghi, pubblicando con gli editori più blasonati, ma il lettore accorto non si farà influenzare da quelli nel dare un giudizio complessivo e finale sul libro.

- Che bisogna imparare ad amare sia i pregi che i difetti della nostra scrittura e delle nostre creazioni, proprio come fa una madre che ama tutti i suoi figli in egual misura, quelli più svegli e quelli meno pronti.
- Che per vincere la spossatezza, ma anche il senso di svuotamento e di inutilità che può prenderci dopo che si è pubblicato un libro, esiste una sola medicina: continuare a scrivere, sempre, comunque, alla maniera di uno Stephen King mai pago che vede sempre il suo miglior libro in quello che deve ancora cominciare.

Capitolo 17

Le check-list autorali

Le liste di controllo che un autore dovrebbe crearsi una volta terminata la prima stesura del testo sono diverse e agiscono su una molteplicità di livelli: grammaticali, sintattici, narrativi, stilistici, ma si distinguono anche per *l'epidemicità* o *profondità* del controllo effettuato. Ogni autore dovrebbe fare prima di tutto i macro-controlli presentati nei capitoli precedenti e che costituiscono già una prima check-list completa:

- Controllo stilistico
- Controllo della logica discorsiva
- Controllo della semplicità discorsiva
- Controllo e taglio di parti ridondanti
- Controllo sull'incipit
- Controllo sul ruolo del narratore
- Controllo sui personaggi
- Controllo sul vocabolario
- Controllo sui segmenti scritturali e sui pronomi
- Controllo sugli aggettivi e sugli avverbi
- Controllo sui *filler* o *riempitivi*
- Controllo sui diversi tipi di *cacofonie* presenti nel testo
- Controllo sulle ridondanze che soffocano la scrittura
- Controllo sui tempi verbali

- Controllo sui vizi e i difetti scritturali che sotto qualsiasi prospettiva possano inficiare il valore finale del libro.

Tuttavia esistono anche altri tipi di check-list autorali (che debbono essere sempre completate prima di inviare il libro a un qualsiasi editore o agenzia letteraria), le quali impongono una rivisitazione quasi completa del lavoro svolto sia che si abbia a che fare con un lavoro di ricerca, un saggio, sia che ci si stia confrontando con un romanzo o un qualsiasi altro lavoro di fantasia. Naturalmente l'approccio sarà diverso a seconda del genere letterario, ma la sostanza del controllo non cambierà mai troppo. Una verifica esaustiva del lavoro fatto non potrà prescindere da un attento:

- **Controllo della trama**. Eh, sì, dopo avere terminato la prima stesura del nostro romanzo, bisogna fare una pausa e guardare alla storia raccontata in chiave critica, possibilmente facendosi queste domande: cosa ho scritto? È credibile il mio racconto? Ha senso? Ha una sua valida tenuta interna? La trama è avvincente? Coinvolgente? La storia si mantiene interessante fino alla fine? L'ho caricata di troppi personaggi? Ho costruito troppi archi narrativi? Ho dimenticato di sviluppare alcuni spunti riflessivi? L'incipit è stuzzicante? Ho fatto bene ad ambientarla in quel particolare periodo storico? Ci sono abbastanza colpi di scena per tenere viva l'attenzione del lettore fino alla fine? Ho gestito bene il climax e lo svolgimento finale? Sono stato noioso? Il libro è troppo lungo? O magari è troppo corto? Sono stato condiscendente nei confronti del lettore? Ci sono ancora dei passaggi che potrebbero essere tagliati? Ho esposto il racconto in maniera sufficientemente chiara? Che tipo di sintassi ho usato? Ho fatto ricorso a un vocabolario variegato abbastanza? La qualità estetica è sufficiente? Le figure retoriche che ho usato sono dei cliché? Ho inserito poche o troppe citazioni? Ho inserito nel mio saggio tutte le note a piè di pagina che dovevo inserire?

- **Controllo degli *ambienti***. Controllare gli *ambienti* o *ambientazioni* significa controllare sia il dettaglio dei luoghi in cui un romanzo è ambientato, ma anche il periodo storico di riferimento. Dimostrare che si ha dimestichezza con entrambi è fondamentale per la credibilità futura dell'opera. Le domande che l'autore dovrebbe farsi sono tante e di diversa tipologia anche in questo contesto: ho raccontato i luoghi e l'epoca in maniera soddisfacente? Il linguaggio utilizzato è in linea con quello usato a quei tempi e in quei luoghi? La mia storia si fonde bene con quel particolare periodo storico? Sarebbe opportuno cambiarlo? Ho presentato l'ambientazione in maniera chiara? Ho dimenticato di aggiungere dei dettagli importanti? Ho inserito dei passaggi fuorvianti? Ho appesantito troppo la trama con un noioso dettaglio storico e/o con la descrizione pedante dei luoghi? Ho verificato le date che ho inserito? Ho verificato l'effettiva corrispondenza di quanto scritto al fatto storico realmente accaduto? Le parti descrittive di comportamenti, abiti, luoghi, sono corrette?

- **Controllo dei dialoghi**. Ho già scritto in precedenza dell'importanza del discorso diretto quando si vuole creare un tessuto narrativo più dinamico, brioso, o per dare spessore ai personaggi. Tuttavia anche la capacità di costruire brani dialogici interessanti, coinvolgenti, stuzzicanti, è un'arte che bisogna saper gestire. Nel portare avanti una coscienziosa analisi dei dialoghi inseriti nel suo lavoro, un buon scrittore dovrebbe chiedersi: perché ho inserito questo dialogo? È necessario tenerlo? In quale modo arricchisce la storia? Che tipo di nuove informazioni fornisce ai lettori e agli altri personaggi per spingere in avanti il racconto? Il dialogo inserito nel capitolo X è appropriato rispetto a ciò che viene raccontato in quello stesso capitolo? Il linguaggio usato nei dialoghi è adatto ai personaggi che li stanno inscenando? Il dialogo utilizzato permette al lettore di leggere tra le righe l'emotività del personaggio Y e la calcolata freddezza del personaggio Z? I dialoghi aiutano a creare tensione? L'idioletto[6] dei personaggi è abbastanza personalizzato? I pronomi utilizzati nei dialoghi sono appropriati e validi per il genere maschile o femminile a cui si riferiscono? Ci sono troppi aggettivi o avverbi nei dialoghi? Ci sono cacofonie o parti ridondanti?

- **Controllo dei capitoli**. Anche la suddivisione di un romanzo in capitoli dovrebbe essere fatta seguendo una logica distributiva interna ben ponderata. In ogni caso queste suddivisioni dovrebbero essere ridotte al minimo, evitando di creare altre sotto-sezioni, soprattutto se il testo su cui si sta lavorando è un romanzo. Sempre nell'eventualità in cui ci si stia impegnando in un lavoro di fantasia, è buona pratica non dare un titolo a ogni capitolo. Quando si dà un titolo a una parte dello scritto si fornisce un orizzonte d'attesa specifico al lettore e nel contempo viene tolta molta della sorpresa, del mistero. D'altro canto un qualsiasi testo, saggio o romanzo che sia, dovrebbe contenere tanti capitoli quanti ne necessita, mentre ogni *scena* descritta dovrebbe avere un elevato grado di tenuta interna, giustificarsi completamente nella sua ragion d'esistere. Inoltre, ogni capitolo dovrebbe contenere dei dialoghi, dei colpi di scena che lo caratterizzino, e se la storia lo richiede dovrebbe essere di lunghezza sufficiente a ospitare una varietà di luoghi,

---

[6] Le caratteristiche del linguaggio di ciascun personaggi.

di personaggi, di fatti e avvenimenti che si facciano ricordare e sappiano creare la tensione necessaria per portare avanti la fabula in maniera naturale. Anche l'incipit di ciascun capitolo è importante e idealmente dovrebbe essere altrettanto coinvolgente ed esteticamente bello di quello principale creato per il primo capitolo, per l'antefatto o premessa del libro.

- **Controllo del punto di vista e della prospettiva**. Come abbiamo già avuto modo di vedere, il **punto di vista**[7] in un romanzo fa equazione con la prospettiva di visione di cui gode il narratore, la voce narrante. Il punto di vista sarà tanto più aperto o chiuso sull'universo raccontato a seconda della tipologia di narratore che si è scelto (onnisciente, interno alla storia raccontata, esterno, ecc.). Il rischio principale che corre l'autore esordiente nella gestione della voce narrante (un compito complesso anche per lo scrittore esperto), è quello di confondere se stesso con l'io che racconta. Si tratta di un errore molto grave che può compromettere in maniera irreparabile il destino del libro, e dunque un controllo teso a verificare che questa commistione non si sia verificata in nessun luogo del testo dovrebbe essere di natura esaustiva. Rispetto alla questione del *punto di vista* (spesso chiamato con

---

[7] Cfr. Capitolo 6

l'acronimo POV nei testi di critica letteraria in lingua inglese), l'autore dovrebbe anche interrogarsi sui seguenti aspetti: ho davvero scelto la tipologia di narratore più adatta a raccontare la storia? Il punto di vista si mantiene sempre uguale in tutti i capitoli? Sarebbe opportuno scegliere un diverso punto di vista nelle diverse sezioni del testo? La voce narrante sta facendo un buon lavoro nel descrivere gli ambienti e i personaggi, o sarebbe opportuno intervenire allo scopo di fornire informazioni più chiare al lettore? La *distanza* imposta dal punto di vista del narratore è quella giusta per la storia raccontata e per ciascun personaggio presentato?

- **Altri controlli e domande.** Naturalmente le interrogazioni e le verifiche che dovrebbe effettuare lo scrittore che abbia terminato la prima stesura del suo libro non sono solo quelle evidenziate fino a questo momento, ma dovrebbero riguardare tanti altri aspetti del lavoro svolto, sempre tenendo in debito conto le specificità del testo (e.g. se si è in presenza di un testo scientifico, tecnico, di carattere psicoanalitico, religioso, ecc.). Nel caso dei lavori di fantasia, racconti, romanzi, novelle, è importante controllare anche fattori quali lo scorrere del tempo, la logica di una azione che se cominciata di mattina potrebbe terminare la sera e quindi deve tenere in conto un cambiamento di ambiente quando le tenebre si sostituiranno alla luce del sole. Altri controlli *tecnici* possono riguardare il tono generale più o meno informale, colto o gergale, il ritmo nei dialoghi e nell'azione sia rispetto al macroelemento che è la storia, sia rispetto alle micro-sezioni del narrato e a ciascun personaggio, occorre inoltre verificare il giusto bilanciamento di tempo e spazio concesso ai personaggi (bisogna fare in modo che ciascun personaggio abbia una visibilità commisurata al suo ruolo e che questa sia evidente anche nei dialoghi in cui è impegnato).

Le check-list che dovrebbe costruirsi un autore non appena terminata la prima stesura del libro e prima di iniziare la seconda sono tante, anche se a mio giudizio le domande più importanti a cui lui o lei dovrebbe rispondere sono queste: sono riuscito/a a creare un'opera originale e avvincente? Sono riuscito/a a creare una storia anche divertente e dei personaggi che resteranno nella mente e nel cuore del lettore, magari per sempre?

Un ultimo lavoro di controllo che, prima di mostrare il suo lavoro ad alcuno, dovrebbe impegnare l'autore coscienzioso e avviato verso la scrittura professionale, è il controllo paratestuale e la revisione grammaticale. Trattandosi di verifiche fondamentali e molto importanti per la creazione di un libro che possa essere anche un ottimo prodotto editoriale, preferisco affrontare l'argomento separatamente nel prossimo capitolo.

Capitolo 18

Il paratesto e la revisione grammaticale

Nei manuali di critica letteraria tecnica il *paratesto* viene generalmente definito come il complesso di elementi, verbali e non verbali, che contribuiscono a fare del libro un oggetto finito e ne determinano la sua vita anche molto tempo dopo la pubblicazione. Tra questi elementi segnalo il titolo, il sottotitolo, il nome degli autori, la prefazione, le illustrazioni, i titoli dei capitoli, le note, ma anche elementi quali le interviste per promuoverlo, le presentazioni, i carteggi e i diari, la corrispondenza che lo riguarda.

In realtà il termine **paratesto** ha una significazione molto larga e variegata a seconda del contesto dove viene utilizzato e persino dell'editore che lo usa. Ciò è talmente vero che in generale io preferisco parlare di *paratesto editoriale*, proprio per rappresentare quelle convenzioni tecniche e scritturali tipiche di ogni editore e di cui l'autore dovrebbe essere sempre al corrente prima di inviare i suoi lavori per una valutazione.

Le istituzioni che si occupano di monitorare il corretto utilizzo di una lingua (per l'Italia ricordo la più nota, l'Accademia della Crusca) concedono una certa libertà ad autori ed editori nelle scelte grammaticali, sintattiche, retoriche e anche paratestuali. In virtù di ciò alcuni editori optano per un utilizzo più o meno largo delle maiuscole, di una data punteggiatura, oppure scelgono di *incorniciare* il discorso diretto utilizzando queste virgolette in apertura e in chiusura «», mentre altri optano per queste "", oppure per l'utilizzo dei soli trattini - -. Alcuni editori scelgono di chiudere le virgolette con il punto, altri non inseriscono alcuna punteggiatura in chiusura. Anche questi dettagli e convenzioni editoriali fanno parte del paratesto editoriale di un libro e l'attenzione a loro dedicata dovrebbe essere la stessa riservata al testo tout-court.

Conoscere la tipologia di convenzioni paratestuali preferite da ogni editore è molto importante per l'autore che manda il libro in lettura e spera in una pubblicazione. Un ottimo modo di procedere in questi casi, è quello di acquistare un romanzo, o un libro dello stesso genere di quello che abbiamo scritto, edito dall'editore con cui ci piacerebbe collaborare, e uniformare la convenzione paratestuale alle sue necessità. In alcuni casi si tratta di un lavoro anche abbastanza faticoso, ma che in genere non prende più di alcuni giorni, mentre i vantaggi che tale impegno potrebbe procurare sono sostanziali.

Terminato il controllo paratestuale, la successiva revisione grammaticale, con correzione dell'ortografia e della punteggiatura diventa un passo altrettanto importante e necessitante di grande attenzione. Come abbiamo visto l'editing e il controllo della grammatica sono cose molto diverse, e non sarebbe azzardato guardare a quest'ultimo controllo come un altro punto da spuntare in una ideale check-list del perfetto editor, del professionista che ormai padroneggia quest'arte.

Il consiglio che mi sento di dare all'autore necessitante di fare una valida revisione grammaticale, è di usare la stessa metodologia impiegata dagli editori professionali, la quale si perfeziona in due *step* altrettanto importanti:

- Una prima revisione eseguita usando il controllo ortografico del programma Word della Microsoft. Nella stessa occasione sarebbe bene usare Word anche per togliere i doppi spazi tra parole che se presenti nel libro pubblicato sono davvero brutti. Sottolineo però che il controllo fatto con il computer non è sufficiente a garantire un buon lavoro di correzione grammaticale e di corretto utilizzo dell'ortografia o delle convenzioni della punteggiatura.

- Un controllo finale affidato a un correttore di bozze che abbia esperienza, o in alternativa a un professore di italiano di linguamadre se l'italiano è la lingua del testo su cui si sta lavorando. Anche un controllo coscienzioso dello stesso autore può essere sufficiente se l'autore ha una *conoscenza tecnica* della lingua in cui ha scritto e ha fatto degli studi che possano aiutarlo a portare questo compito a termine in maniera soddisfacente.

Capitolo 19

Lascialo decantare!

Nei precedenti capitoli ho usato la metafora della preparazione di un buon vino per raccontare il lavoro da farsi durante la scrittura di un libro. Estendendo ulteriormente tale costrutto retorico, non esito a dire che dopo una prima stesura e revisione del testo, dopo avere effettuato i controlli appena descritti, dopo una seconda revisione, viene infine il momento di lasciar *decantare* lo scritto proprio come si fa quando si lascia riposare un mosto.

Perché è necessario staccarsi dal testo così preparato? Perché l'occhio si abitua facilmente ed è guidato nella lettura anche dal nostro orizzonte d'attesa intellettuale e culturale. Ne deriva che se sto leggendo un mio lavoro che ho già letto diverse volte e che conosco quasi a memoria, se incontro la familiare espressione "chi non risica non risica", io potrei leggerla correttamente in automatico, cioè come se fosse davvero scritta "chi non risica non rosica", dunque senza notare l'ovvio refuso contenuto nell'ultima parola.

Mettere nel cassetto per almeno una decina di giorni un *testo lavorato a dovere*, è uno dei trucchi più efficaci e generalmente utilizzati dai professionisti per assicurarsi di riuscire a leggerlo di nuovo con altri occhi e a mente fresca. Dopo quel lungo periodo di riposo sarà infatti possibile catturare con facilità anche gli ultimi refusi che ci erano sfuggiti in precedenza e quindi completare la pulizia del dattiloscritto adesso veramente pronto per essere inviato in lettura.

Un ultimo consiglio che mi sento di dare agli autori è di fare quest'ultima lettura dopo avere stampato il romanzo o il saggio, proprio come se si stesse lavorando con delle bozze editoriali. Questo suggerimento è tanto più prezioso se tutte le precedenti revisioni sono state fatte al computer come avviene oggigiorno per la maggior parte degli scrittori. Insomma, provare per credere: la differenza che può fare questa modalità di procedere è davvero strepitosa!

Capitolo 20

Le traduzioni

Parlando correttamente diverse lingue e avendo fatto studi tecnici specifici, mi è capitato in più di una occasione di ricevere romanzi o saggi tradotti per avere la mia opinione. In una particolare occasione ricordo una signora che mi diede da controllare un testo già tradotto in inglese e la cui traduzione era costata diverse migliaia di euro: era illeggibile!

Apprendendo ciò il mio lettore potrebbe pensare che il testo fosse stato tradotto da un pessimo traduttore ma non era questo il caso. Invece era accaduto che lo scritto in questione, un romanzo, fosse stato dato in traduzione prima di essere editato, un errore fatale!

Tenendo in considerazione l'alto costo delle traduzioni e il fatto che si pagano in base al numero di parole lavorate, ecco qui di seguito alcune regole di buon senso che potrebbero tornare utili quando si starà pensando di tradurre il proprio lavoro in un'altra lingua:

- Ricordatevi che le traduzioni valide sono fatte solo da traduttori esperti che sono anche madrelingua nella lingua in cui il testo viene tradotto (un madrelingua inglese può tradurre un testo italiano solo in inglese, non viceversa, ecc.).

69

- Ricordatevi di commissionare una traduzione solamente dopo che il testo è stato pienamente editato nella sua lingua originale, e dopo qualche tempo dalla sua pubblicazione. Ciò è necessario per poter catturare eventuali refusi rimasti o passaggi ridondanti che oltre a essere brutti produrrebbero solamente ulteriori costi.

- Assicuratevi di affidare il lavoro di traduzione a una valida agenzia che possa a sua volta controllare e garantire il lavoro svolto dal traduttore: mai affidare un lavoro direttamente, non importa quanto bravo o quanto esperto sia il professionista!

- Se vi state impegnando economicamente a tradurre un vostro lavoro, val la pena fermarsi a riflettere anche sulle prospettive di distribuzione che vi darà la lingua scelta. Nonostante tutte le lingue siano belle, alcune anche molto diffuse e utili, come lo spagnolo e il tedesco, è indubbio che al giorno d'oggi ogni libro dovrebbe essere tradotto prima in inglese, una lingua che gode adesso dello *status privilegiato* di cui un tempo godeva il latino. Fare una diversa scelta può essere una opzione artistica encomiabile, ma poi bisogna convivere con le necessità di un mercato distributivo che per ovvie ragioni non sarà più globale ma regionale, non importa quanto grande sarà la *regione* scelta.

Note biografiche

Anna De Santo – Cittadina britannica di origini italiane, ha lavorato come editor e correttore di bozze presso importanti editori internazionali. In pensione da diversi anni, attualmente collabora con molti piccoli editori e agenzie letterarie, con il suo lavoro di una vita che continua a essere un hobby molto amato. Anna parla 5 lingue, odia i "social", ama viaggiare, scrivere e il suo cane Rex.